José Ricardo Zonta

Novena em honra ao
Senhor Bom Jesus

Editora responsável: Andréia Schweitzer
Equipe editorial

1ª edição – 2016

Nenhuma parte desta obra poderá ser reproduzida ou transmitida por qualquer forma e/ou quaisquer meios (eletrônico ou mecânico, incluindo fotocópia e gravação) ou arquivada em qualquer sistema ou banco de dados sem permissão escrita da Editora. Direitos reservados.

Paulinas
Rua Dona Inácia Uchoa, 62
04110-020 – São Paulo – SP (Brasil)
Tel.: (11) 2125-3500
http://www.paulinas.org.br – editora@paulinas.com.br
Telemarketing e SAC: 0800-7010081
© Pia Sociedade Filhas de São Paulo – São Paulo, 2016

Apresentação

A novena que ora apresentamos é um instrumento para favorecer uma espiritualidade autêntica, marcada pelo encontro com o Bom Jesus, o revelador do Pai das Misericórdias.

Não é um manual de liturgia, mas quer sim fomentar uma ativa e consciente participação do povo de Deus em momentos oracionais, vividos comunitariamente. E, mesmo quando ajudar a promover uma devoção particular, quer motivar-nos a realizá-la na comunhão dos santos, sem esquecermos os irmãos que compartilham da mesma fé.

Na pastoral, existem muitas formas de promovermos a unidade, mas nada é mais eficaz do que a oração. Ela nos aproxima de Deus trabalhando o nosso coração, a fim de que desejemos ardentemente os valores do Reino, especialmente a compaixão e a misericórdia.

Temos a graça de ter o Bom Jesus a nos cativar em vários santuários, basílicas e igrejas. Contemplar o crucificado, que é o cerne do Mistério Pascal, é recordar a maravilhosa e maior obra divina: "O Senhor nos amou e se entregou por nós quando ainda éramos pecadores" (Rm 5,8). Ele afirmou: "quando eu for levantado da terra atrairei todos a mim" (Jo 12,32). De fato, a misericórdia manifestada na cruz nos seduz e, marcados a fogo pelo amor de Deus, nos tornamos discípulos que só almejam uma coisa: alcançar a grandeza de Cristo.

Que esta novena nos ajude a percorrer a estrada que ficou aberta no lado trespassado de Jesus, guiando-nos até o seu coração. E que assim, tocando as suas chagas, tenhamos em nós os sinais da sua Paixão.

Pedimos, por intercessão de São Paulo da Cruz e de tantos outros místicos da Paixão, que esta novena nos aproxime mais e mais do Oceano de Amor que é Jesus Crucificado, para que "a Paixão de Jesus e as dores de Maria estejam sempre presentes em nosso coração!".

Partes fixas da novena

(Realizar esta novena após o Evangelho, ou logo depois da homilia, ou ainda antes da celebração. Todos os dias, as pessoas deverão ser convidadas a trazer uma vela ornamentada com duas fitas, nas cores vermelha e branca [simbolizando o sangue e a água que jorraram do lado aberto de Cristo.] Iniciar com duas estrofes e o refrão do hino. Enquanto se entoa o canto mencionado, todos devem acender suas velas no Círio Pascal, que será colocado ao lado da Mesa da Palavra. Em seguida, incensar a imagem do Bom Jesus. Para o último dia, fazer a unção com óleo perfumado. Caso a novena seja realizada em casa, deve-se preparar uma mesa com um crucifixo e uma vela.)

Hino do santuário

1. Povo de Deus, sempre a caminho,
o nosso Pai fez uma tenda com carinho.
Do nosso meio ele nos fala.
No Salvador, revela o amor e nos ampara.

*E quem irá dizer que não quer encontrar
o Deus que se revela na cruz, a cativar?*

E neste santuário [ou, e nesta igreja;
ou, e nesta basílica],
vou sempre encontrar
o Senhor Bom Jesus, a me abençoar.

2. Povo de Deus, Igreja Santa,
templo vivo, renovado na Aliança.
Corpo de Cristo, sempre em missão;
evangeliza, promovendo a compaixão.

3. Povo de Deus que enfrentou
a escravidão, a solidão e superou.
Pelo deserto, atravessou,
com esperança este oásis encontrou.

4. Povo de Deus, "tira as sandálias,
este lugar é terra santa, abençoada.
Dobre os joelhos, de coração,
misericórdia eu vos darei em profusão".

5. Jamais irei me esquecer
do santuário que Deus fez para me ver.

E nos encontros, assiduamente, aprenderei que em comunhão sou bem mais gente.

Invocação inicial

Presidente: (com a vela traçar uma cruz diante da boca) Purifica os meus lábios, Senhor!

Todos: Para que me aproxime com reverência da tua Paixão, adorando-te, pois marcaste a minha vida com o teu eterno amor.

Presidente: (com a vela traçar uma cruz diante da cabeça) Abre a minha mente, Senhor!

Todos: Para que eu compreenda a sabedoria da cruz, loucura para os que não creem, mas, para nós, fonte de salvação.

Presidente: (com a vela traçar uma cruz bem grande diante do corpo) Abençoa minha vida, Senhor!

Todos: Para que no meu corpo se apresente as marcas da tua Paixão, não como sinais externos, mas como experiência profunda de quem se deixa possuir pela vontade Divina.

Presidente: (erguendo as velas) Jesus Crucifica-do, vem em nosso auxílio!
Todos: Depressa socorre-nos! Derrama uma gota do teu precioso sangue sobre nós e ilumina toda a minha vida com a misericórdia que liberta e cura.

(O sacerdote incensa a imagem de Jesus Crucificado, enquanto se entoa o canto que segue. Se a novena for realizada em casa, pode-se dar um beijo na imagem do Bom Jesus, como sinal de reverência.)

Refrão: O meu coração é só de Jesus. A minha alegria é a santa cruz.
Nada mais desejo nem quero, senão que o Bom Jesus viva em meu coração.
Presidente: Aproximemo-nos do Trono da Graça, do Senhor Bom Jesus. Fixemos

o nosso olhar em Jesus Crucificado, ele que nos torna mais divinos ao fazer-nos mais humanos, pelo amor. Esta novena tem o poder de nos encantar, de nos curar, de nos livrar de todo mal. Não nos esqueçamos da promessa de Jesus: "Quando eu for levantado da terra, atrairei todos os olhares. E quem olhar para mim, como quando olharam para a serpente do deserto, este será salvo!" (Jo 3,14-15; 12,32).

Todos: Que bom, Senhor, poder encontrar um refúgio em ti. Como é bom saber que "nas tuas chagas encontram-se os remédios para todos os males do mundo". Que eu participe desta novena com o coração aberto, acolhendo, das tuas misericordiosas mãos, as bênçãos de que tanto necessito.

Presidente: "Não procuramos a alegria senão em Jesus e fugimos de toda a glória que não seja aquela da cruz".

Homens: "Abraça, portanto, Jesus Crucificado, elevando a ele o olhar do teu desejo! Toma em consideração o seu amor ardente por ti, que o levou a derramar sangue de todas as partes do seu corpo!".

Mulheres: "Abraça Jesus Crucificado, amante e amado, e nele encontrarás a verdadeira vida, porque ele é Deus que se fez homem. Que o teu coração e a tua alma ardam pelo fogo do amor do qual foi coberto Jesus cravado na cruz!".

Presidente: "Tu deves, portanto, tornar-te amor, olhando para o amor de Deus, que tanto te amou, não porque te devesse obrigação alguma, mas por um puro dom, impelido somente pelo seu inefável amor".

Todos: "Não procuramos a alegria senão em Jesus e fugimos de toda a glória que não seja aquela da cruz" (Santa Catarina de Sena).

Refrão: O meu coração é só da Paixão. O Senhor Bom Jesus é minha salvação!

Oração final

Senhor Bom Jesus, com eterna misericórdia sacrificaste a tua vida para nos salvar. Somos muito agradecidos porque o teu amor é para sempre e não esqueces jamais a obra de tuas mãos.

Tu que nos conheces por dentro e amarguraste a dor da cruz para nos livrar do pecado e da morte, dando-nos a liberdade de filhos de Deus, recebe o nosso coração arrependido. Quebra as amarras do rancor, da indiferença, e não deixes espaço para a prática da discriminação e da exclusão.

Tu que padeceste na própria pele a maldade humana, ensina-nos a permanecer ao lado das vítimas do mundo.

Bom Jesus, Deus que se solidariza com todos os sofredores e fracos, socorre os que penam injustiças, doenças e inúmeras calamidades. Ensina-nos a dedicar um tempo de nossas vidas a eles, vendo, na fronte dos mesmos, o teu precioso nome.

Jesus misericordioso, dá-nos forças para carregarmos a cruz de cada dia, com a firme certeza de que ela nos conduz à glória ao unir a nossa existência a tua: Caminho, Verdade e Vida.

E como és o amparo de todos os que confiam em Deus, seja o nosso intercessor junto ao Pai, obtendo para este humilde servo a graça de que tanto necessita (silêncio para que cada um apresente seu pedido).

Senhor Deus de piedade, conceda--nos caminhar contigo, até que se veja em nós o poder da santa cruz. E que um dia, por termos vivido em ti e não para nós, repousemos nos braços do teu amor crucificado, recebendo eternamente o precioso sangue que nos redimiu. Amém!

Hino

"Tua cruz no centro do mundo"
(letra e música: Pe. José Ricardo Zonta, cp)

1. O teu corpo pendido na cruz
é linguagem de amor.
Manifestas na dor, no sofrer,
teu poder salvador.
Tuas mãos fixadas no ar
fazem o mundo girar.
Tua cruz bem no centro do cosmos
veio recriar.

Resgatar a beleza do ser,
restaurar o humano viver.
Recriar quem no ventre do mundo
deixou de sonhar.
Renovar quem perdeu a esperança,
quem deixou de ser igual criança,
quem enfim já não via sentido
no dom de amar.

2. O teu corpo pendido na cruz
comunica o amor.
Não deixando que o mal te vencesse,
foste então vencedor.
Cada chaga em teu corpo imolado
faz o mundo sentir
que a bondade nos marca,
mas sempre fará redimir.

PRIMEIRO DIA

O Senhor Bom Jesus, Filho de Deus, doa a sua vida para nos salvar

Hino do santuário

(ver. p. 6.)

Invocação inicial

(ver p. 8.)

Palavra de Deus

Animador: "Eu sou o bom pastor. O bom pastor expõe a sua vida pelas ovelhas. O mercenário, porém, que não é pastor, a quem não pertencem as ovelhas, quando vê que o lobo vem vindo, abandona as ovelhas e foge; o lobo rouba e dispersa as ovelhas. O mercenário, porém, foge, porque é mercenário e não se importa com as ovelhas. Eu sou o bom pastor. Conheço as minhas ovelhas e as minhas ovelhas conhecem a mim, como meu Pai me conhece e eu conheço o Pai. Dou a minha vida pelas minhas ovelhas. Tenho ainda outras ovelhas que não são deste aprisco. Preciso conduzi-las também, e ouvirão a minha voz e haverá um só rebanho e um só pastor. O Pai me ama, porque dou a minha vida para a retomar. Ninguém a tira de mim, mas eu a dou de mim mesmo e tenho o poder de a dar, como tenho o poder de a reassumir. Tal é a ordem que recebi de meu Pai" (Jo 10,11-18).

Atualizando a Palavra

Presidente: Deus nos criou para salvar-nos. Ele não quer que nos percamos. Então, na plenitude dos tempos, enviou o seu Filho, nosso Senhor, como bom pastor.

Jesus, permanecendo imutável no amor, deu a vida para que tenhamos vida em plenitude. Ao morrer na cruz manifestou que, de fato, é o nosso Salvador. Ele expôs a vida por nós e esta exposição o levou à morte mais cruel do seu tempo. Todavia, ninguém tirou a sua vida, pois ele sempre viveu no horizonte da cruz--doação, da cruz-misericórdia, da cruz do cuidado. Ninguém tirou a sua vida porque soube, na condição humana, vencer a si mesmo para fazer a vontade do Pai. A vida só nos é tirada quando não somos nós a entregá-la, deixando-nos governar pelo amor que tudo vence, tudo suporta, tudo liberta. Nada nem ninguém podem separar do amor de Deus aquele que se abandona às mãos do Pai, como o fez Jesus Crucificado. Ninguém pode tirar a nossa vida, se a oferecermos no altar do mundo, unidos ao Crucificado-Ressuscitado. Cada chaga no corpo de Jesus Crucificado nos faz entender: a bondade nos marca, mas sempre promoverá a redenção, sempre nos conduzirá à glória.

Preces

Leitor: Para que saibamos acolher Jesus Crucificado como nosso bom pastor, Deus-humanado, deixando-nos guiar pelo seu amor crucificado, rezemos:
Todos: Pela tua gloriosa Paixão, tenha compaixão de nós.

Leitor: Para que entreguemos a nossa vida a exemplo do Bom Jesus, a fim de que ninguém nos tire a mesma, mas sejamos nós a doá-la, rezemos:
Todos: Pela tua gloriosa Paixão, tenha compaixão de nós.

Leitor: Pelos devotos do Senhor Bom Jesus, a fim de que sejam no mundo uma manifestação do Senhor Bom Pastor Crucificado, rezemos:

Todos: Pela tua gloriosa Paixão, tenha compaixão de nós.

Leitor: Pelas famílias e por todo o povo da nossa cidade, para que, sempre mais devotos ao Senhor Bom Jesus, sejam instrumentos da sua misericórdia, rezemos:

Todos: Pela tua gloriosa Paixão, tenha compaixão de nós.

Pai-Nosso, Glória.

Ladainha da Paixão de Nosso Senhor Jesus Cristo

Senhor, *tende piedade de nós.*
Cristo, *tende piedade de nós.*
Senhor, *tende piedade de nós.*
Jesus Cristo, *ouvi-nos.*
Jesus Cristo, *atendei-nos.*
Santíssima Trindade,
tende misericórdia de nós.

Jesus, que nos amastes até o fim,
tende piedade de nós.
Jesus, que vos prostrastes com a face
por terra, no Jardim das Oliveiras,
tende piedade de nós.
Jesus, cujo suor se tornou como gotas
de sangue, *tende piedade de nós.*
Jesus, traído pelo beijo do vosso amigo,
tende piedade de nós.
Sede-nos propício, *perdoai-nos, Senhor.*
De todo o mal, *livrai-nos, Senhor.*
Pecadores que somos, nós vos rogamos,
ouvi-nos, Senhor.
Que nos perdoeis por causa de vossa
Paixão e morte, *ouvi-nos, Senhor.*

Cordeiro de Deus que tirais os pecados
do mundo, *perdoai-nos, Senhor.*
Cordeiro de Deus que tirais os pecados
do mundo, *ouvi-nos, Senhor.*
Cordeiro de Deus que tirais os pecados
do mundo, *tende piedade de nós, Senhor.*

Oração final

(ver p. 12.)

Hino

(ver p. 14.)

SEGUNDO DIA

O Senhor Bom Jesus vence, perdendo: "Se o grão de trigo não morrer, não produzirá fruto"

Hino do santuário

(ver p. 6.)

Invocação inicial

(ver p. 8.)

Palavra de Deus

Animador: "Finalmente, tende todos um só coração e uma só alma, sentimentos de amor fraterno, de misericórdia, de humildade. Não pagueis mal com mal, nem injúria com injúria. Ao contrário, abençoai, pois para isto fostes chamados, para que sejais herdeiros da bênção. Com efeito, quem quiser amar a vida e ver dias felizes, refreie sua língua do mal e seus lábios de palavras enganadoras; aparte-se do mal e faça o bem, busque a paz e siga-a. Porque os olhos do Senhor estão sobre os justos e seus ouvidos, atentos a seus rogos; mas a força do Senhor está contra os que fazem o mal (Sl 33,13-17). Estai sempre prontos a responder para vossa defesa a todo aquele que vos pedir a razão de vossa esperança, mas fazei-o com suavidade e respeito. Tende uma consciência reta a fim de que, mesmo naquilo em que dizem mal de vós, sejam confundidos os que desacreditam o vosso santo procedimento em Cristo. Aliás, é melhor padecer, se Deus assim o quiser, por fazer o bem do que por fazer o mal" (1Pd 3,8ss). É por isso também que Jesus disse: "Se o grão de trigo, caindo na terra, não morrer, fica ele só, mas se morrer, produz muito fruto"

(Jo 12,24). E ainda mais: "Quem quiser salvar a sua vida a perderá; mas quem perder a sua vida por minha causa e pelo Evangelho a salvará" (Mc 8,35).

Atualizando a palavra

Presidente: O Senhor Bom Jesus venceu o mundo porque não se deixou corromper pela maldade que existe nele. Assim, ensinou-nos que é melhor sofrer fazendo o bem do que fazendo o mal. Pois o Evangelho nos revela que há uma forma de vencermos, mesmo perdendo. Nós somos herdeiros da bênção. E como herdeiros da bênção que é a cruz, Deus nos marcou para abençoarmos, não para amaldiçoarmos. Como herdeiros da bênção, tornamo-nos santos à medida que vivemos separados da corrupção e malícia do mundo. Fomos chamados a uma intimidade com o Bom Jesus, a fim de não expulsarmos o mal com o mal, mas vencermos o mal pelo bem. Somente com esta atitude o mundo reconhecerá que somos discípulos de Cristo. Existe a possibilidade de vencermos apostando tudo no amor e na compaixão, dado que "quem se humilha será exaltado, mas quem se exalta, será humilhado" (Mt 23,12). E ainda mais, o Mistério da Paixão nos ensina a ver a vida na morte, na entrega, na doação de nós mesmos. É no morrer da semente que a planta cresce e se desenvolve. Não é após a morte de Jesus que veio a vida nova, mas durante a morte. Enquanto Jesus morria, enquanto nós morremos em favor do Reino, é neste processo que uma nova humanidade surge para nós e dentro de nós.

Preces

Leitor: Para que tenhamos em nossos corações o amor do Bom Jesus, o qual o levou a vencer o mal com o bem, rezemos:
Todos: Pela tua gloriosa Paixão, tenha compaixão de nós.

Leitor: Para que as pessoas perseguidas e humilhadas neste mundo encontrem no Crucificado o antídoto contra toda a maldade, rezemos:

Todos: Pela tua gloriosa Paixão, tenha compaixão de nós.

Leitor: Para que saibamos apartar-nos do mal, buscando a paz e seguindo-a. E, para que, olhando para o Bom Jesus, aprendamos a morrer como as sementes, a fim de que o poder da cruz faça desabrochar em nós uma pessoa nova, recriada para o sacrifício de amor, rezemos:

Todos: Pela tua gloriosa Paixão, tenha compaixão de nós.

Leitor: Para que o Senhor Bom Jesus ilumine nossas famílias e comunidades, a fim de reconhecerem que são herdeiras da bênção e não da maldição, herdeiras da misericórdia e não do rancor nem da violência, rezemos:

Todos: Pela tua gloriosa Paixão, tenha compaixão de nós.
Pai-Nosso, Glória.

Ladainha da Paixão de Nosso Senhor Jesus Cristo

Senhor, *tende piedade de nós.*
Cristo, *tende piedade de nós.*
Senhor, *tende piedade de nós.*
Jesus Cristo, *ouvi-nos.*
Jesus Cristo, *atendei-nos.*
Santíssima Trindade,
tende misericórdia de nós.

Jesus, preso e atado pelos guardas,
tende piedade de nós.
Jesus, abandonado pelos discípulos,
tende piedade de nós.
Jesus, conduzido a Anás e Caifás
como criminoso, *tende piedade de nós.*
Jesus, a quem o guarda deu uma bofetada,
tende piedade de nós.

De todo o pecado, *livrai-nos, Senhor.*
Da indiferença contra vossa santa Paixão
e morte, *livrai-nos, Senhor.*
Que não desanimemos no meio
da necessidade, *ouvi-nos, Senhor.*
Que enfrentemos a humilhação
e as dificuldades com paciência,
ouvi-nos, Senhor.

Cordeiro de Deus que tirais os pecados
do mundo, *perdoai-nos, Senhor.*
Cordeiro de Deus que tirais os pecados
do mundo, *ouvi-nos, Senhor.*
Cordeiro de Deus que tirais os pecados
do mundo, *tende piedade de nós, Senhor.*

Oração final

(ver p. 12.)

Hino

(ver p. 14.)

TERCEIRO DIA

O Senhor Bom Jesus inspira nossa passagem por este mundo

Hino do santuário

(ver p. 6.)

Invocação inicial

(ver p. 8.)

Palavra de Deus

Animador: "A linguagem da cruz é loucura para os que se perdem, mas, para os que foram salvos, para nós, é uma força divina. Onde está o sábio? Onde o erudito? Onde o argumentador deste mundo? Acaso não declarou Deus por loucura a sabedoria deste mundo? Os judeus pedem milagres, os gregos reclamam a sabedoria; mas nós pregamos Cristo crucificado, escândalo para os judeus e loucura para os pagãos; mas, para os eleitos – quer judeus, quer gregos –, força de Deus e sabedoria de Deus. Pois a loucura de Deus é mais sábia do que os homens, e a fraqueza de Deus é mais forte do que os homens. O que é estulto no mundo, Deus o escolheu para confundir os sábios; e o que é fraco no mundo, Deus o escolheu para confundir os fortes; e o que é vil e desprezível no mundo, Deus o escolheu, como também aquelas coisas que nada são, para destruir as que são. Assim, nenhuma criatura se vangloriará diante de Deus. É por sua graça que estais em Jesus Cristo: quem se gloria, glorie-se no Senhor" (1Cor 1,18ss).

Atualizando a palavra

Presidente: Viver no horizonte da cruz é encontrar a sabedoria da vida, sabedoria esta que nos faz realmente felizes. A lógica da cruz não é a do poder colocado a serviço de quem o exerce, não é a do conhecimento que explora, não é a da ideologia do descartável. A lógica da cruz vai na contramão dos esquemas humanos de glória e de bem-estar. Ela nos mostra que existe um motivo pelo qual estamos neste mundo, e não devemos negligenciar a nossa passagem por ele. Quem quiser construir uma história digna de ser lembrada por todos deve assumir a sabedoria da cruz, que nos compromete com a vida, com o mundo ao nosso redor. O sábio não é aquele que domina as ciências, mas aquele que se deixou possuir pelo Bom Jesus, a fim de não viver mais para si, mas para os outros. A sabedoria da cruz nos ajuda a contruir a nossa existência alicerçada em valores evangélicos, para que os sentimentos de Cristo invadam os nossos corações. Pela cruz, sabemos que conhece a Deus quem recusa os privilégios para colocar-se a serviço da vida. Quem assim percorre o seu itinerário, não passará em vão por esta terra. E, assim como o Bom Jesus é recordado por todos, também este servo obediente, no Crucificado, será um símbolo do que Deus pode fazer, quando deixamos ele agir em nossa fraqueza.

Preces

Leitor: Para que saibamos acolher do Bom Jesus a sabedoria que nos faz testemunhar que a fé possui maior ligação com o amor do que com o mero conhecimento, rezemos:

Todos: Pela tua gloriosa Paixão, tenha compaixão de nós.

Leitor: Para que os devotos do Bom Jesus não se cansem de pregar Cristo Crucificado – sabedoria de Deus que confunde a lógica humana –, rezemos:

Todos: Pela tua gloriosa Paixão, tenha compaixão de nós.

Leitor: Para que todo autêntico conhecimento adquirido seja marcado pela sabedoria da cruz, a fim de que o mundo viva a cultura do cuidado e da promoção da vida, rezemos.
Todos: Pela tua gloriosa Paixão, tenha compaixão de nós.

Leitor: Por todos os que têm dever de educar e formar as pessoas para a vida, a fim de que saibam transmitir valores e conhecimentos que dignificam a nossa passagem por esta terra, rezemos:
Todos: Pela tua gloriosa Paixão, tenha compaixão de nós.

Pai-Nosso, Glória.

Ladainha da Paixão de Nosso Senhor Jesus Cristo

Senhor, *tende piedade de nós.*
Cristo, *tende piedade de nós.*
Senhor, *tende piedade de nós.*
Jesus Cristo, *ouvi-nos.*
Jesus Cristo, *atendei-nos.*
Santíssima Trindade,
tende misericórdia de nós.

Jesus, acusado por falsas testemunhas,
tende piedade de nós.
Jesus, condenado à morte,
tende piedade de nós.
Jesus, escarnecido e cuspido,
tende piedade de nós.
Jesus, negado três vezes por Pedro,
tende piedade de nós.
Da cólera, ódio e má vontade,
livrai-nos, Senhor.

Da concupiscência pecaminosa,
livrai-nos, Senhor.
Que nos façais verdadeiros amigos
de vossa cruz, *ouvi-nos, Senhor.*
Que nos deis os frutos de vossa Paixão,
ouvi-nos, Senhor.

Cordeiro de Deus que tirais os pecados
do mundo, *perdoai-nos, Senhor.*
Cordeiro de Deus que tirais os pecados
do mundo, *ouvi-nos, Senhor.*
Cordeiro de Deus que tirais os pecados
do mundo, *tende piedade de nós, Senhor.*

Oração final

(ver p. 12.)

Hino

(ver p. 14.)

QUARTO DIA

O Senhor Bom Jesus nos oferece a chave da misericórdia e do perdão

Hino do santuário

(ver p. 6.)

Invocação inicial

(ver p. 8.)

Palavra de Deus

Animador: "Eram conduzidos ao mesmo tempo dois malfeitores para serem mortos com Jesus. Chegados que foram ao lugar chamado Calvário, ali o crucificaram, como também os ladrões, um à direita e outro à esquerda. E Jesus dizia: 'Pai, perdoa-

-lhes; porque não sabem o que fazem'"
(Lc 23,32-34a).

Atualizando a palavra

Presidente: A Palavra de Deus nos ensina que só Jesus conhece o ser humano por dentro, por isso, não devemos julgar nem condenar. Do alto da cruz, o Bom Jesus revelou que os feitores do mal (os malfeitores) não sabem o que fazem. Às vezes nos irritamos com alguns de nossos irmãos, chegando a pensar que eles arquitetam contra nós, agindo inaquadamente porque são maus. Então, Jesus nos mostra que quem faz o mal, não sabe o que faz. Só sabe o que faz quem se deixa guiar pelo seu Espírito de Amor. E Santo Agostinho nos ensinou que, se alguém faz o mal, é porque pensa ser um bem, dado que ninguém quer o mal para si mesmo. O Bom Jesus Crucificado nos pede condescendência: assim vemos mais longe, com um coração repleto de misericórdia, isto é, em primeiro lugar, dom e graça de Deus. Dessa forma, só nos resta perdoar quem não vê um palmo à sua frente, quem ainda está cego porque carrega traumas, complexos e situações sociais de conflito e angústia. A chave, o segredo de uma existência sem muitos conflitos, é vivermos sem rancor, sem querer revidar pela ofensa recebida. Quem oferece a outra face e age com misericórdia não é tolo, não é bobo, é um ser magnânimo, grande na compaixão. Quem perdoa e não se vinga deve alegrar--se no Bom Jesus, porque só desta forma torna-se maior do que o seu agressor.

Preces

Leitor: Para que tenhamos compaixão de quem carrega grandes traumas, complexos, enfim, que tem uma história marcada por conflitos pessoais e sociais, rezemos: **Todos:** Pela tua gloriosa Paixão, tenha compaixão de nós.

Leitor: Pelos que foram muito ofendidos e agora sentem dificuldade em perdoar, para que olhem o testemunho do Bom Jesus e rezem de coração a prece que Cristo fez na cruz: "Pai, perdoa-lhes, eles não sabem o que fazem", rezemos:
Todos: Pela tua gloriosa Paixão, tenha compaixão de nós.

Leitor: Para que nunca nos esqueçamos de que a misericórdia é a medida da justiça, rezemos:
Todos: Pela tua gloriosa Paixão, tenha compaixão de nós.

Leitor: Para que nos sintamos vitoriosos em Jesus Crucificado, ao nutrirmos dentro de nós uma medida maior e melhor que aquela utilizada pelos nossos agressores, rezemos:
Todos: Pela tua gloriosa Paixão, tenha compaixão de nós.

Pai-Nosso, Glória.

Ladainha da Paixão de Nosso Senhor Jesus Cristo

Senhor, *tende piedade de nós.*
Cristo, *tende piedade de nós.*
Senhor, *tende piedade de nós.*
Jesus Cristo, *ouvi-nos.*
Jesus Cristo, *atendei-nos.*
Santíssima Trindade,
tende misericórdia de nós.

Jesus, entregue amarrado a Pilatos,
tende piedade de nós.
Jesus, revestido de túnica branca
e desprezado por Herodes,
tende piedade de nós.
Jesus, proposto ao assassino Barrabás,
tende piedade de nós.
Jesus, flagelado com açoites,
tende piedade de nós.
Da impaciência e covardia,
livrai-nos, Senhor.

Dos perigos do corpo e da alma,
livrai-nos, Senhor.
Que levantado da terra atraias
todos os homens, *ouvi-nos, Senhor.*
Que vençamos o demônio, os inimigos,
pela força da vossa cruz, a vós pedimos,
ouvi-nos, Senhor.

Cordeiro de Deus que tirais os pecados
do mundo, *perdoai-nos, Senhor.*
Cordeiro de Deus que tirais os pecados
do mundo, *ouvi-nos, Senhor.*
Cordeiro de Deus que tirais os pecados
do mundo, *tende piedade de nós, Senhor.*

Oração final

(ver p. 12.)

Hino

(ver p. 14.)

QUINTO DIA

O Senhor Bom Jesus crucificado abraça toda a humanidade com a sua cruz

Hino do santuário

(ver p. 6.)

Invocação inicial

(ver p. 8.)

Palavra de Deus

Animador: "Aproximavam-se dele, ofereciam-lhe vinagre e diziam: 'Se és o rei dos judeus, salva-te a ti mesmo'. Por cima de sua cabeça pendia esta inscrição: 'Este é o rei dos judeus'. Um dos malfeitores, ali crucificados, blasfemava contra ele: 'Se és o Cristo, salva-te a ti mesmo e salva-nos a nós!' Mas o outro o repreendeu: 'Nem sequer temes a Deus, tu que sofres no mesmo suplício? Para nós isto é justo: recebemos o que mereceram os nossos crimes, mas este não fez mal algum'. E acrescentou: 'Jesus, lembra-te de mim, quando tiveres entrado no teu Reino!' Jesus respondeu-lhe: 'Em verdade te digo: hoje estarás comigo no paraíso'" (Lc 23,37-43).

Atualizando a palavra

Presidente: Fomos acostumados a falar de um Crucificado, mas no Calvário foram três os crucificados. Não é sem sentido que o evangelista Lucas apresenta esta cena. Jesus foi crucificado entre dois malfeitores que representam toda a humanidade entregue ao pecado. Com a sua Paixão, Jesus abraça toda as pessoas do mundo feridas pela maldade. Ele é o

Cordeiro sem mancha que tira o pecado do mundo, que liberta o coração dos homens, tornando-os livres para Deus. No Calvário, as pessoas crucificadas ao lado de Jesus são feitoras do mal. Não existe o bom e o mal ladrão, pois todos dois são ladrões. Para um, que inocenta Jesus, é dada a promessa do Paraíso. Para o outro que acusa Deus de não fazer nada para acabar com a maldade do mundo, servem as palavras de Jesus: "Pai, perdoa-lhes, pois não sabem o que fazem" (Lc 23,34). Cristo envolve toda a humanidade em seu amor e nos revela que veio para salvar, sem excluir ninguém. Ao Senhor Bom Jesus, agradeçamos, porque faz nascer o sol da sua bondade sobre todos (Mt 5,45). A ele consagremos a nossa vida, a fim de seguirmos o seu testemunho e amarmos a todos, sofrermos por todos, como nos ensinou.

Preces

Leitor: Para que estejamos comprometidos com o Bom Jesus que revela eterna compaixão para com toda a humanidade, feitora do mal, rezemos:

Todos: Pela tua gloriosa Paixão, tenha compaixão de nós.

Leitor: Para que o abraço de Jesus na cruz envolvendo os pecadores da terra nos humanize, a fim de percebermos que não somos melhores nem maiores do que ninguém e que o dom da salvação é antes de tudo graça e não mérito nosso, rezemos:

Todos: Pela tua gloriosa Paixão, tenha compaixão de nós.

Leitor: Para que reconheçamos que o mau no mundo tem relação com o uso indevido da nossa liberdade e as estruturas injustas presentes na nossa sociedade, rezemos:

Todos: Pela tua gloriosa Paixão, tenha compaixão de nós.

Leitor: A fim de que o mistério da iniquidade não nos paralise, mas, ao contrário, nos faça transbordar de amor, rezemos:
Todos: Pela tua gloriosa Paixão, tenha compaixão de nós.

Pai-Nosso, Glória.

Ladainha da Paixão de Nosso Senhor Jesus Cristo

Senhor, *tende piedade de nós.*
Cristo, *tende piedade de nós.*
Senhor, *tende piedade de nós.*
Jesus Cristo, *ouvi-nos.*
Jesus Cristo, *atendei-nos.*
Santíssima Trindade,
tende misericórdia de nós.

Jesus, coroado com espinhos,
tende piedade de nós.

Jesus, coberto por um manto
de púrpura, *tende piedade de nós.*
Jesus, saudado como rei dos judeus,
tende piedade de nós.
Jesus, entregue para ser crucificado,
tende piedade de nós.
Da morte eterna, *livrai-nos, Senhor.*
Pela dor da flagelação, *livrai-nos, Senhor.*
Que conheçamos vossa cruz como sinal
de vitória, *ouvi-nos, Senhor.*
Que sejamos purificados pelo vosso
preciosíssimo sangue, *ouvi-nos, Senhor.*

Cordeiro de Deus que tirais os pecados
do mundo, *perdoai-nos, Senhor.*
Cordeiro de Deus que tirais os pecados
do mundo, *ouvi-nos, Senhor.*
Cordeiro de Deus que tirais os pecados do mundo, *tende piedade de nós,*
Senhor.

Oração final

(ver p. 12.)

Hino

(ver p. 14.)

SEXTO DIA

O Senhor Bom Jesus nos ensina que o mundo está crucificado para nós e nós para o mundo

Hino do santuário

(ver p. 6.)

Invocação inicial

(ver p. 8.)

Palavra de Deus

Animador: "Fui crucificado com Cristo. Assim, já não sou eu quem vive, mas Cristo que vive em mim. A vida que agora vivo no corpo, vivo-a pela fé no Filho de Deus, que me amou e se entregou por mim. Quanto a mim, não pretendo, jamais, gloriar-me, a não ser na cruz de nosso Senhor Jesus Cristo, pela qual o mundo está crucificado para mim e eu para o mundo. Porque a circuncisão e a incircuncisão de nada valem, mas sim a nova criatura. A todos que seguirem esta regra, a paz e a misericórdia, assim como ao Israel de Deus. De ora em diante ninguém me moleste, porque trago em meu corpo as marcas de Jesus. A graça de nosso Senhor Jesus Cristo esteja com vosso espírito, irmãos. Amém" (Gl 2,20; 6,14-18).

Atualizando a palavra

Presidente: Ao assumir a nossa humanidade, da encarnação até a Paixão, Jesus nos mostrou que devemos viver no horizonte da cruz. Este horizonte é marcado por fazer a vontade de Deus, vencer a si mesmo em favor do Reino, viver em Cristo a fim de que se faça ver em nós as marcas da sua misericórdia e compaixão. Estar com o Bom Jesus é não compactuar com os esquemas do mundo que rejeitam os valores do Evangelho da vida. O devoto do Bom Jesus não se contenta em contemplar as marcas de dor e de amor de Jesus; ele quer trazer em seu corpo os mesmos sinais da sua divina oferta, os mesmos sentimentos de bondade, as mesmas atitudes corajosas em favor de um mundo irmão. Ser crucificado com Cristo é não permitir que o pecado e o mal tenham poder sobre nós, é abrir espaço para que o Espírito de vida nos conduza pelo amor. Viver crucificado para o mundo é não dar vazão para que os apelos da carne, os desejos desenfreados nos afastem da obediência e da fidelidade a Deus. Muitos são inimigos da cruz de Cristo porque o "deus" deles é o ventre, ou seja, só querem fazer o que lhes dá prazer e não o que Deus quer (Fl 3,18).

Preces

Leitor: Para que a devoção ao Senhor Bom Jesus nos ajude a fazer uma autêntica experiência de Deus, levando-nos a incorporar as mesmas atitudes de renúncia de si e de compaixão para com os outros, rezemos:

Todos: Pela tua gloriosa Paixão, tenha compaixão de nós.

Leitor: Para que jamais nos deixemos vencer pelas artimanhas presentes no mundo, rezemos:

Todos: Pela tua gloriosa Paixão, tenha compaixão de nós.

Leitor: Para que não desejemos a glória humana, mas a glória que vem da cruz, rezemos:

Todos: Pela tua gloriosa Paixão, tenha compaixão de nós.

Leitor: Por todos os que promovem a devoção ao Bom Jesus, para que carreguem em seus corações esta bela declaração de amor: "Ele me amou e se entregou por mim quando ainda éramos pecadores", rezemos:

Todos: Pela tua gloriosa Paixão, tenha compaixão de nós.

Pai-Nosso, Glória.

Ladainha da Paixão de Nosso Senhor Jesus Cristo

Senhor, *tende piedade de nós.*
Cristo, *tende piedade de nós.*
Senhor, *tende piedade de nós.*
Jesus Cristo, *ouvi-nos.*
Jesus Cristo, *atendei-nos.*
Santíssima Trindade,
tende misericórdia de nós.

Jesus, que carregastes a cruz,
tende piedade de nós.

Jesus, carregado para o matadouro
como um cordeiro, *tende piedade de nós.*
Jesus, crucificado no meio dos ladrões,
tende piedade de nós.
Jesus, cujas vestes foram divididas,
tende piedade de nós.
Pelo escárnio da coroa de espinhos,
livrai-nos, Senhor.
Pelo vosso penoso carregar a cruz,
livrai-nos, Senhor.
Que tomemos nossa cruz de cada dia
e vos sigamos, *ouvi-nos, Senhor.*
Que nos conduzais pela santa cruz à
vossa glória, *ouvi-nos, Senhor.*

Cordeiro de Deus que tirais os pecados
do mundo, *perdoai-nos, Senhor.*
Cordeiro de Deus que tirais os pecados
do mundo, *ouvi-nos, Senhor.*
Cordeiro de Deus que tirais
os pecados do mundo,
tende piedade de nós, Senhor.

Oração final

(ver p. 12.)

Hino

(ver p. 14.)

SÉTIMO DIA

O Senhor Bom Jesus observa Maria proclamar a sua vitória

Hino do santuário

(ver p. 6.)

Invocação inicial

(ver p. 8.)

Palavra de Deus

Animador: "Junto à cruz de Jesus estavam de pé sua mãe, a irmã de sua mãe, Maria, mulher de Cléofas, e Maria Madalena. Quando Jesus viu sua mãe e perto dela o discípulo que amava, disse à sua mãe: 'Mulher, eis aí teu filho'. Depois disse ao discípulo: 'Eis aí tua mãe'. E dessa hora em diante o discípulo a levou para a sua casa. Em seguida, sabendo Jesus que tudo estava consumado, para se cumprir plenamente a Escritura, disse: 'Tenho sede'. Havia ali um vaso cheio de vinagre. Os soldados encheram de vinagre uma esponja e, fixando-a numa vara de hissopo, chegaram-lhe à boca. Havendo Jesus tomado do vinagre, disse: 'Tudo está consumado'. Inclinou a cabeça e entregou o espírito" (Jo 19,25-30).

Atualizando a palavra

Presidente: Maria observa os horrores da crueldade realizada com o seu Filho, mas com uma postura que nos surpreende. Quem está abatido pela dor, chorando copiosamente, sofrendo ao assistir à morte do próprio filho, não fica em pé. Mas, então, como explicar a atitude de Maria? Sabemos que a nossa Mãe do Céu foi assistida constantemente pelo Espírito

Santo, pois estava sempre pronta a dizer "sim" para Deus. Sua postura ao pé da cruz é de um simbolismo único, realçado pela sensibilidade de João Evangelista. A palavra ressuscitado significa: "tornar a ficar em pé". Por isso, ao dizer que Maria estava em pé junto à cruz, João mostra que de forma inusitada ela já proclamava a vitória do Filho. Ela olhava para ele como a dizer: "Venceste, meu Filho! Superaste o mal com o bem! Tu és o vencedor, pois não deixaste a corrupção da carne ser mais forte que a tua misericórdia". Isto é que é vitória: amar até o fim e não somente pela metade. E o Bom Jesus, ao entregar o seu Espírito, no alto da cruz, ofereceu-o não apenas ao Pai, mas a toda a Igreja que ali era batizada e entrava em comunhão com o Mistério mais profundo de Cristo, ao receber a água e o sangue que jorraram do seu lado aberto. Com a sua atitude, Maria nos mostra que devemos ser maiores do que nossos problemas, que devemos confiar em Deus quando tudo parece desmoronar, porque a última palavra será sempre a de Deus, que não abandona jamais quem sabe olhar para além da dor, quem sabe ver vida na morte de quem se oferece pelo Reino, quem permanece em pé proclamando a vitória do amor. Maria viu poder no contraditório, viu poder no escândalo da cruz, assim como São Paulo Apóstolo. É este poder que o Senhor Bom Jesus derrama sobre nós pela força do seu Espírito. É este poder que devemos buscar todos os dias ao pé da cruz: o poder do serviço misericordioso!

Preces

Leitor: Para que saibamos proclamar a vitória do Bom Jesus permanecendo em pé, qual Maria, diante das cruzes e sofrimentos da nossa vida e da nossa sociedade, rezemos:

Todos: Pela tua gloriosa Paixão, tenha compaixão de nós.

Leitor: Para que saibamos ver poder na contraditória e escandalosa sabedoria da cruz, rezemos:

Todos: Pela tua gloriosa Paixão, tenha compaixão de nós.

Leitor: Para que nos deixemos possuir pelo Espírito do Bom Jesus, a fim de permanecermos ao lado de quem sofre por uma causa justa, de quem sofre também injustamente, rezemos:

Todos: Pela tua gloriosa Paixão, tenha compaixão de nós.

Leitor: Por todos os que estão crucificados neste mundo, moral, psicológica ou socialmente, para que sejam amparados pela nossa postura solidária, rezemos:

Todos: Pela tua gloriosa Paixão, tenha compaixão de nós.

Pai-Nosso, Glória.

Ladainha da Paixão de Nosso Senhor Jesus Cristo

Senhor, *tende piedade de nós.*
Cristo, *tende piedade de nós.*
Senhor, *tende piedade de nós.*
Jesus Cristo, *ouvi-nos.*
Jesus Cristo, *atendei-nos.*
Santíssima Trindade,
tende misericórdia de nós.

Jesus, zombado até na cruz,
tende piedade de nós.
Jesus, que tivestes sede,
tende piedade de nós.
Jesus, que inclinastes a cabeça
e rendestes o espírito, *tende piedade de nós.*
Jesus, obediente ao Pai e morto

por amor a nós, *tende piedade de nós*.
De não vermos teus sofrimentos em nossos irmãos, *livrai-nos, Senhor*.
De não termos a tua compaixão, *livrai-nos, Senhor*.
Pecadores que somos, nós vos rogamos, *ouvi-nos, Senhor*.
Que nos perdoeis por causa de vossa Paixão e morte, *ouvi-nos, Senhor*.

Cordeiro de Deus que tirais os pecados do mundo, *perdoai-nos, Senhor*.
Cordeiro de Deus que tirais os pecados do mundo, *ouvi-nos, Senhor*.
Cordeiro de Deus que tirais os pecados do mundo, *tende piedade de nós, Senhor*.

Oração final

(ver p. 12.)

Hino

(ver p. 14.)

OITAVO DIA

O Senhor Bom Jesus recria a humanidade para viver no jardim

Hino do santuário

(ver p. 6.)

Invocação inicial

(ver p. 8.)

Palavra de Deus

Animador: "Naquele tempo, Jesus saiu com os discípulos para o outro lado da torrente do Cedron. Havia aí um jardim, onde ele entrou com os discípulos. Também Judas, o traidor, conhecia o lugar, porque Jesus costumava reunir-se aí com os seus discípulos. Judas levou consigo um destacamento de soldados e alguns guardas dos sumos sacerdotes e fariseus, e chegou ali com lanternas, tochas e armas. Então Jesus, consciente de tudo o que ia acontecer, saiu ao encontro deles e disse: 'A quem procurais?' Responderam: 'A Jesus, o Nazareno'. Ele disse: 'Sou eu'. Quando Jesus disse: 'Sou eu', eles recuaram e caíram por terra. Anás enviou Jesus amarrado para Caifás, o sumo sacerdote. Simão Pedro continuava lá, em pé, aquecendo-se. Então um dos empregados do sumo sacerdote, parente daquele a quem Pedro tinha cortado a orelha, disse: 'Será que não te vi no jardim com ele?' Novamente Pedro negou. E na mesma hora, o galo cantou. No lugar onde Jesus foi crucificado, havia um jardim e, no jardim, um túmulo novo, onde ainda ninguém tinha sido sepultado. Por causa da preparação da Páscoa, e como o túmulo estava perto, foi ali que colocaram Jesus" (Jo 18,1ss).

Atualizando a palavra

Presidente: O evangelista João nos surpreende muitas vezes, por relatar o mistério do Senhor Bom Jesus em meio a uma enorme riqueza simbólica. Durante a narração da Paixão, ele cita três vezes o fato de toda a crucifixão de Jesus acontecer num jardim: Jesus é preso no jardim; Pedro é interrogado no jardim; e Jesus morre e ressuscita num jardim. Ou seja, pela Paixão de Jesus, a Trindade Santa recria toda a sua obra, todo o Universo e o coloca na dinâmica da plenitude dos tempos. O mesmo Deus que nos criou no jardim e para o jardim, agora nos recria pelo mistério da Paixão do seu Filho. O Bom Jesus nos mostra que não sairemos do jardim, do lugar do encanto e do convívio fraterno, se não esquecermos sua Paixão. É a Paixão do Senhor que nos concede um novo olhar sobre a vida, sobre nós mesmos e o mundo. Quem entra em comunhão com o Bom Jesus Crucificado, tendo os seus sentimentos, carregando as marcas da sua Paixão, já vive no horizonte do eterno, do jardim das misericórdias. Quem deixa o Senhor Bom Jesus ser sepultado no seu coração, iluminando a sua mente, só este sabe que Deus é amor, somente este pode experimentar que Cristo vive, que Cristo vive nele. É para o jardim do bem, do bom e do belo que Deus nos criou. Permaneçamos sempre à sombra da "árvore da vida" – da santa cruz –, para que possamos conviver num ambiente de ternura, aconchego e bondade para o qual Deus nos recriou em Jesus Crucificado.

Preces

Leitor: Para que o Senhor Bom Jesus nos motive a recriar as nossas relações, a fim de convivermos num ambiente de paz e fraternidade, num jardim de solidariedade e aconchego, rezemos:

Todos: Pela tua gloriosa Paixão, tenha compaixão de nós.

Leitor: Pedro negou três vezes, negou que esteve com o "jardineiro" da vida. Para que não neguemos a nossa fé e reconheçamos que o testemunho é indispensável para que haja paz e misericórdia entre nós, rezemos:

Todos: Pela tua gloriosa Paixão, tenha compaixão de nós.

Leitor: Sem compromisso com o Senhor Bom Jesus, a nossa devoção pode se transformar em mero sentimentalismo, marcado por um grande dolorismo. Para que a nossa comunhão com o Bom Jesus nos ajude a lutar por uma espiritualidade encarnada, uma experiência de Deus que nos leve a cultivar entre nós o "Jardim da Nova Criação", rezemos:

Todos: Pela tua gloriosa Paixão, tenha compaixão de nós.

Pai-Nosso, Glória.

Ladainha da Paixão de Nosso Senhor Jesus Cristo

Senhor, *tende piedade de nós.*
Cristo, *tende piedade de nós.*
Senhor, *tende piedade de nós.*
Jesus Cristo, *ouvi-nos.*
Jesus Cristo, *atendei-nos.*
Santíssima Trindade,
tende misericórdia de nós.

Jesus, cujo lado foi aberto pela lança,
tende piedade de nós.
Jesus, tirado da cruz,
tende piedade de nós.
Jesus, depositado no sepulcro,
tende piedade de nós.

Jesus, que morrestes pelos pecados do mundo, *tende piedade de nós.*
Pelas santas chagas, *livrai-nos, Senhor.*
Pela morte amarga, *livrai-nos, Senhor.*
Que não nos desesperemos em meio à necessidades, *ouvi-nos, Senhor.*
Que enfrentemos a humilhação
e as dificuldades com paciência,
ouvi-nos, Senhor.

Cordeiro de Deus que tirais os pecados do mundo, *perdoai-nos, Senhor.*
Cordeiro de Deus que tirais os pecados do mundo, *ouvi-nos, Senhor.*
Cordeiro de Deus que tirais os pecados do mundo, *tende piedade de nós, Senhor.*

Oração final

(ver p. 12.)

Hino

(ver p. 14.)

NONO DIA

Ó Senhor Bom Jesus, o teu perfume ficou em nossas mãos, em nossas vidas

Hino do santuário

(ver p. 12.)

Invocação inicial

(ver p. 14.)

Palavra de Deus

Animador: "No primeiro dia da semana, muito cedo, dirigiram-se ao sepulcro com os aromas que haviam preparado. Acharam a pedra removida longe da abertura do sepulcro. Entraram, mas não encontraram o corpo do Senhor Jesus. Não sabiam elas o que pensar, quando apareceram em frente delas dois personagens com vestes resplandecentes. Como estivessem amedrontadas e voltassem o rosto para o chão, disseram-lhes eles: 'Por que buscais entre os mortos aquele que está vivo? Não está aqui, mas ressuscitou. Lembrai-vos de como ele vos disse, quando ainda estava na Galileia: O Filho do Homem deve ser entregue nas mãos dos pecadores e crucificado, mas ressuscitará ao terceiro dia'. Então elas se lembraram das palavras de Jesus. Voltando do sepulcro, contaram tudo isso aos Onze e a todos os demais. Eram elas Maria Madalena, Joana e Maria, mãe de Tiago; as outras suas amigas relataram aos apóstolos a mesma coisa" (Lc 24,1-11).

Atualizando a palavra

Presidente: O perfume é um símbolo bastante usado nas Sagradas Escrituras.

Quando batizados, nós fomos ungidos com óleo perfumado. Ele é símbolo da presença do Espírito de Cristo em nós. O evangelista, ao relatar que as mulheres foram ao sepulcro para envolver o corpo de Jesus com aromas, mas que, não o encontrando, ficaram com o perfume nas mãos, está querendo dizer que a comunidade que nasce ao pé do Crucificado torna-se o perfume do Bom Jesus no mundo. Aquele perfume que Jesus pediu que a mulher pecadora guardasse para o dia da sua sepultura; aquele perfume que tocou o Senhor; sim, aquele perfume está nas mãos e na vida de todos os discípulos que se aproximam do Senhor Bom Jesus. É por isso que o apóstolo Paulo diz: "vós sois uma carta de Cristo. Vós sois o odor de Cristo!" (1Cor 3,3). Então, supliquemos neste encerramento da novena a graça de nunca esquecermos que devemos exalar no mundo a misericórdia de Deus, que devemos transmitir com a nossa vida a humildade e a compaixão de Jesus, que devemos ter o cheiro daquele que nos aspergiu com o seu sangue – a fragrância do amor. No humilde frasco que sou eu e que é você, levamos um tesouro imenso, um perfume que é também bálsamo para o mundo, o Bom Jesus Crucificado. Transmitamos o odor de Cristo. Como aquelas santas mulheres, levemos para a nossa comunidade, para a nossa casa, a boa notícia da vitória do Bom Jesus. A bela notícia de que a vida surge da morte, com a morte e não depois da morte. O aroma ressuscitado de Cristo surge a partir da Paixão!

Preces

Leitor: Para que derramemos em nossa cidade, em nossas famílias, o perfume da misericórdia que escorreu pelas mãos do Senhor Bom Jesus, rezemos:

Todos: Pela tua gloriosa Paixão, tenha compaixão de nós.

Leitor: Para que o perfume do Bom Jesus em nós não seja algo externo, pura aparência, mas brote de dentro dos nossos corações, da experiência que fazemos ao pé da cruz, rezemos:
Todos: Pela tua gloriosa Paixão, tenha compaixão de nós.

Leitor: Para que saibamos exalar o mistério do Bom Jesus, num mundo que cheira mal, que cheira corrupção, injustiça e conformismo, rezemos:
Todos: Pela tua gloriosa Paixão, tenha compaixão de nós.

Leitor: Por todos os devotos do Senhor Bom Jesus, para que alcancem as graças de que tanto necessitam e o amor que nos faz livres e fiéis, rezemos:

Todos: Pela tua gloriosa Paixão, tenha compaixão de nós.

Pai-Nosso, Glória.

Ladainha da Paixão de Nosso Senhor Jesus Cristo

Senhor, *tende piedade de nós.*
Cristo, *tende piedade de nós.*
Senhor, *tende piedade de nós.*
Jesus Cristo, *ouvi-nos.*
Jesus Cristo, *atendei-nos.*
Santíssima Trindade,
tende misericórdia de nós.

Jesus Crucificado, um mar de dor
e de amor, *tende piedade de nós.*
Jesus Crucificado, remédio contra os
males do mundo, *tende piedade de nós.*
Jesus Crucificado, por esquecermos
a tua Paixão, *tende piedade de nós.*
Jesus Crucificado, plena revelação do
amor de Deus, *tende piedade de nós.*

Na hora de nossa morte,
salvai-nos, Senhor.
No dia do Juízo, *salvai-nos, Senhor.*
Que nos façais verdadeiros amigos
de vossa cruz, *ouvi-nos, Senhor.*
Que nos deis os frutos de vossa Paixão,
ouvi-nos, Senhor.

Cordeiro de Deus que tirais os pecados
do mundo, *perdoai-nos, Senhor.*
Cordeiro de Deus que tirais os pecados
do mundo, *ouvi-nos, Senhor.*
Cordeiro de Deus que tirais os pecados
do mundo, *tende piedade de nós, Senhor.*

Oração final

(ver p. 12.)

Unção com óleo perfumado

(Ungir as mãos com óleo perfumado. Lembrando que este óleo não é o da Unção dos Enfermos, mas um óleo que recorda nosso Batismo e nossa missão de exalar o perfume do Bom Jesus.)

Presidente: Senhor Bom Jesus, ao encerrar esta novena, queremos pedir a graça de espalhar pela vida esta devoção, levando conosco o perfume que foi exalado no alto da cruz: misericórdia, solidariedade e compaixão. Que esta unção nos comprometa com a tua Paixão e não nos deixe esquecer que devemos levar para a nossa vida o perfume da salvação que nos deste. **Todos:** Amém.

Hino

(ver p. 14.)

Impresso na gráfica da
Pia Sociedade Filhas de São Paulo
Via Raposo Tavares, km 19,145
05577-300 - São Paulo, SP - Brasil - 2016